愛からのメッセージ

message from LOVE

大和田菜穂
Naho Owada

WAVE出版

無限からのメッセージ

message from INFINITY

みなさんに、愛にあふれた、無限からのメッセージをお伝えします。

「もっと愛されたい！」「孤独や不安に押しつぶされそう」「永遠の愛って何……？」――もし今、そんな思いを抱いていたら、このメッセージによって、今まで触れたことのない何かに触れ、気分はどんどん軽くなっていくかもしれません。

そして、子どものころのような軽やかさと、あふれだすエネルギーが、戻ってくるかもしれません。

わたしがこのメッセージに出合ったときに感じたように、みなさんにとっても、大きなギフトになるかもしれません。

なぜなら、世界はもともと愛でできた、優しい場所だからです。

message from INFINITY

1

一度も失われていない愛

人は、愛を求める。
それは、どこか足りない感覚を愛で埋めたいから。
だから、愛し、愛されることで、足りなさを埋めたい。
でも、わたしたちが知っている愛は、湧いては消える感情。
永遠に感じていることも、とっておくこともできない。
だから、足りなさを感じれば、また愛を求める。
一生懸命失わないように、とっておこうとする。
でも、世界が求めている愛は、永遠。永遠に変わらない無条件の愛。
ただ、それは人間の現実には存在しない。
それは、すでに常にある、すべて。
求める愛から逃げることさえできない。
いつも愛の中。

3　無限からのメッセージ

message from INFINITY

2

ストーリーの現実とナチュラルな現実

人間は、起きている現象にストーリーを上乗せした現実に
生きている。
そして一生懸命、今よりも良くなろうと
次の瞬間に向かっている。
次に何を手に入れるか、何をするかで頭はいっぱい。
なぜなら、わたしにとって「今」はいつも十分でないから。
でも、このようなストーリーの現実に生きているのは、人間だけ。
つまり、人間の現実は、人間の現実の外には存在していない、
つくりだされた現実。
でも、実際にあるのは、
満たされたナチュラルな現実だけ。

5　無限からのメッセージ

message from INFINITY

3

たどりつく場所

人は、常にどこかへ向かっている。
なぜなら、たどりつく場所が必ずあると信じているから。
しかし、その歩みに終わりはない。
なぜなら、もともと、たどりつく場所はないから。
あなたが唯一たどりつける場所は、
どこまで行っても、今あなたがいる場所以外にない。
今あなたがいる場所が、唯一、求めている永遠の楽園。

Goal
already arrived

message from INFINITY

4

すべては一つのエネルギーのあらわれ

そこには、分離はなく、
永遠のエネルギーが表現を繰り返している。
一つのエネルギーは、さまざまな現象としてあらわれる。
そこに上乗せした人間の現実は、限界を生む。
しかし、表面的にある始まりも終わりも、すべては永遠のあらわれ。
エネルギー以外は存在しない。
すべては満たされた永遠のあらわれ。

message from INFINITY

5

仮面

人は、いつも何かになろうとしている。
何かであることで、自分の居場所をいつも守っている。
自分は「こういうもの」と決めつけている。
ときどき、それと違う自分があらわれると、
「こんなの自分じゃない」と思う。
そして、状況によって、相手によって、
見せる自分を上手に使い分けている。誰もが当たり前に演じている。
でも、あるとき、ふとどこかで違和感を感じだすかもしれない。
本当は、演じることを望んでいない。
駆け引きも必要なく、つくろうことなくそのままでいたい。
それは、すべてから湧いてくる、ナチュラルな望みだから。
すべての本質は、限りのない自由だから。

message from INFINITY

6

わたしからの自由

世界中には、たくさんのアディクションがある。
お酒、タバコ、異性、食べ物……。

しかし、世界中のほとんどの人が
無意識にはまっている一番のアディクションは、
「わたし」かもしれない。

ただ、深く寝ている間は、「わたし」から解放される。
また、何かに集中しているときも「わたし」はいない。
だから、人は集中できる何かを求める。
音楽、アート、スポーツ……
それは何かに集中している間、「わたし」は不在になるから。
「わたし」がいないときにだけ、究極のリラックスは起きるから。

Nobody
Z
Z
Z
Me
Me
Me
Me
Me
Me
Me
Me
Me
Me
Me
Me
Me

message from INFINITY

7

ピュアな愛

すべては無条件の愛の表現。
大好きな人との愛も、ピュアなエネルギーの表現。
そして、実際はストーリーはなく、
ただ、純粋に惹かれ合い、愛し合うことが
その瞬間、起きている。
抱き合った瞬間、すべてにストーリーが消える。
すべては愛に溶けていく。
そして、もともと分離のない愛の表現だけが残る。

L'amour

苦しみのない、ナチュラルな現実の幕開け！

愛からのメッセージ
もくじ

message from LOVE

愛からのメッセージ　もくじ

装丁　八木美枝
イラスト　小林晃（フランスガム）
校正　鷗来堂
編集　寺門侑香

愛はいつも
呼んでいる

LOVE is always calling you.

限りがない
エネルギーだけがある

すべては、一つのエネルギーのあらわれ。
このエネルギーは、永遠にかたちを変え続け、同時に何も変わらない。
目に映るすべては、無限のあらわれ。
表面的な、初めと終わり、限界、
不自由、目に映るもの、見えないもの、
高い低い、喜び、悲しみ、愛、憎しみ、存在するものすべて、
無限の自由な表現。

人間は、自分が見ている現実だけが、唯一の現実だと感じています。

でも、この誰もが現実だと思っている現実は、人間特有の概念によってつくり出されたものです。

たとえば動物や植物は、人間の見ている現実は知りません。

今、人々があたりまえに現実だと思っている現実は、「すべてが時間の中で起きていて、過去から未来に向かっている」、そして「原因があって結果がある」、そういった「ストーリー」でできた現実です。

そして、体の数だけ、それぞれのストーリーがあり、人はそれを「人生」と呼ぶのでしょう。

これからわたしがお知らせするのは、もう一つの現実――「ナチュラルな現実」です。

たとえば、オフィスで女性が、デスクに向かってパソコンのキーボードを打っているとします。

そこで実際に起きていることは「座っていること」と「パソコンのキーボードを打っていること」。

しかし人間にとっては、「わたしが会社に来て、パソコンを使って仕事をしている」というストーリーの方が、現実なのです。

起きていることに「わたし」という主体が付け加えられたことで、ナチュラルな現実に、いろいろな意味が上乗せされます。

たとえば、仕事をしている行為者や、仕事をしているという行為、またその行動の意味、行動がつくり出す結果です。

けれども、それらはすべて、人間の発達した脳がつくり出した幻想です。
なぜなら本当は、この世にあるものはすべて、一つのエネルギーがかたちを変えてあらわれたものだからです。

実際はただ「全体」があるだけで、「わたし」という独立した個人というものはありません。

本当は、座っている人も、パソコンのキーボードを打っている人もいません。ましてや、それぞれの人生で究極の選択をした人もいなければ、一生懸命うまく生きてきた人も存在しません。

さらに、時間も限界もなければ、何かをコントロールする存在というものもないのです。

一つひとつの現象に特別な意味はなく、ただ「起きている」。

一つのエネルギーの、自由な表現なのです。

今お話した、一つのエネルギーがすべて――さまざまな表現――としてあらわれ、「わたし」と「わたし以外」という二つがない現実を、ノンデュアリティ（非二元）と呼びます。

これは、一枚の絵にたとえることができるかもしれません。

一つの作品の中に、たくさんのものが描かれていて、それぞれが、一つの完成された美しいアートとして、表現されている状態。

絵には、どこにも中心はなく、ましてや絵の一部分が、ほかの部分と自分自身とを比べるようなことは起きないし、その必要すらまったくありません。すべての表現があって初めて、一つのアートが完成するからです。

これはまさに、すべての表現と同じなのです。

このメッセージに出合い、今まで確信していた、信じていた概念、アイディアが少しずつ崩れていったとき――軽やかな、ナチュラルな現実があらわれてくるかもしれません。

「わたし」という印象

人は、自分の意思と選択ですべてを行っていると感じている。
それは、脳が自己意識を生み、
やがてそこから「わたし」という感覚が生まれるからだ。
ただ、それはあくまで印象であって、
実際は、行為者はいない。
なぜなら、世界と離れた「分離」の存在は、
もともといないから。

顕微鏡で体を細かく見ていくと、
すべては同じ素粒子の存在であり、
さらに細かく見ていくと、何もないということが、
科学の分野でも証明されつつある。

これまであなたは、何でも自分の力でやらなければならないと、教わって生きてきたと思います。

そして、何でも自分でやって、次の瞬間にはもっと良くなること、もっと幸せになることを人生の目的にしてきたのではないでしょうか。

その根底には、自分が行為者であって、それぞれの人生の責任者だ、という考えが横たわっています。

それゆえに、人生の重みや、次の瞬間に対する、緊張、不安、焦り、恐怖が湧いてきます。今までの経験に対する、後悔もそうです。

もちろん、自分の力でやりとげた、手に入れたというところから、未来に対する希望や興奮や、過去の栄光に対する、誇り、喜びも同時に湧いてきます。

とはいえ、希望や喜びよりも、後悔や責任、深刻さを感じることのほうが多いのではないでしょうか。

でもね。

後悔や責任、深刻さは、生命の本質ではないのです。

生まれたばかりの赤ちゃんには、「わたし」という意識はありません。

でも、しばらくすると、脳が発達して自己意識が生まれ、そこに「わたし」という感覚が育ちます。

「わたし」と「他人」、「わたし」と「世界」というように、「わたし」と「わたし以外」の二つにわけるようになる、ということです。これをわたしは「分離」と呼びます。

分離は、脳が与えている印象です。
もともと、分離はないのです。

本当は、実際に経験しているのも、行動しているのも、分離の存在としてのあなたではありません。
表面的には、あなたの体を通して起きている経験も、実際は全体の表現で、経験者がそこにいることにはならないのです。

あなたがあなただと思っている存在は、あくまで表現の一部であり、経験者ではありません。

体という表現が経験を表現していると、そんなふうに言うこともできるかもしれませんね。

ピュアな関係

起きている現象は、ピュアなすべてのあらわれ。
そこには分離はない。
ただ、一つのエネルギーが表現し続けている。
二つの体が触れ合い、抱き合う。
これも、ピュアな愛の表現。
しかし、人間の関係は、もっと複雑。
ストーリーの現実からくる、複雑な感情やしがらみで、

入りくんでいく。

でも本当は、瞬間のピュアな表現が繰り返されているだけ。

ストーリーのない、ピュアな愛の表現だけがあり続けている。


人間は、分離から起こる関係の世界で生きています。

時間の中で起きている「原因」と「結果」という関係。

そして、「自分」と「他人」、「自分」と「世界」という、「自分」と「自分以外」の関係の中で生きています。

そしてそこに、さまざまなドラマが生まれます。


その関係が、時間の経過とともに、必ずしも楽しいだけではない、苦しいものに感じることがあるのは、どういう仕組みなのでしょうか。

恋愛関係を例に、とりあげてみます。

まず、二人には出会いがあります。

そして、カップルになり、ともに過ごし始めます。

やがて一緒に長く時間を過ごすうちに、さまざまなドラマが二人の間で繰り広げられます。

そして何かの出来事をきっかけに、相手に対する怒りや不満、欲望、嫉妬など、いろいろな感情が湧いてくるものです。

そんなことが何回も繰り返されると、やがて、そこから生まれる感情や思いが印象として残り、相手に対する固定されたイメージになっていくことがあります。

たとえば、良いイメージなら「この人は頼りがいがある」「いつも5分前行動をする」というもの。

悪いイメージなら「この人はおっちょこちょい」「いつも同じ失敗をする」とい

う感じです。

こんなふうに、自分でつくり上げた概念を通して相手を見るのは、つまり、ピュアなあらわれだけを見ていないということです。

しかし、すべては常に、ピュアなあらわれだけなのです。

そして、もう一つ。

人は、相手から自分の幸せを犯されると感じたとき、恐怖や不安から、相手をコントロールしようとすることが起きます。

このことは、束縛や、「こうしてはいけない」「こうすべき」というルールを二人の間でつくることに繋がるかもしれません。

人はそれを、二人がうまくいくためのルールというかもしれません。

でも、その裏には、「この関係はコントロールをする必要があり、ルールがなければうまくいかないかも」というアイディアが隠れているのです。

初めはピュアな思いから起きた関係も、時間とともに、ルールでしばり合う関係になっていく。するとルールによる制限をつくり、人々に葛藤を与えるようになるのです。

同時に、不自由さを感じる原因にも、なりえます。

なぜなら本来、瞬間的に起きてくる欲求や感情、感覚は、何らかのルールにそって湧いてくるわけではなく、どこからともなく、不規則に湧いてくるものだからです。

そう、現象の世界は、変化の世界。

常にすべてが変化しているから、実際は、何かを固定し続けることは不可能なのです。

ルールによって何かしらの保証、安心感を得ようとする行為、その一つの例が、結婚ですね。

しかし先ほどもお伝えしたように、ルール、規則、制限は、何の保証にもならないのです。

ナチュラルな現実の本質は、自由です。

すべては、その瞬間、起きていることしかありません。

つまり、恋人同士が一緒にいることも、別れることも、実際はそれぞれの持つストーリーとは関係ない、ということです。

二人の体が一緒にいることが自然と起きていて、ただそこには、ピュアな愛が湧いているのです。

動物の家族を見ると、よくわかるかもしれません。そこには、ストーリーはないけれど、家族が一緒にいることは、自然と起きています。

このことに深く気づき、恐怖から相手をコントロールする必要がなくなったとき、自然と関係はうまくいき、さらに、以前よりも良くなっていることに気づくかもしれません。

いつも新しい

すべては常に変化し、同じあらわれは二つない。
どんなに同じに見える木の葉も、まったく同じものはない。
なぜなら、すべてはユニークで、常に新しいから。
しかし人間の現実は、時間の中で継続して
すべてが起きているかのように捉えられている。
だから、いつも同じものを見て、同じものに触れているように感じる。
それは、慣れ親しんだ安心感を生むと同時に、新鮮さを失わせる。

でも実際、起きていることは、常にフレッシュな表現だけ。

人間の現実は、継続の現実です。

そこには、常に、いつもと変わらない、同じ世界が目に映ります。

変わらない街並み、いつも通る道、いつも帰る場所、そして、いつもそばにいるパートナー。いつも同じものに触れているように感じます。

このことは、慣れ親しんだ安心感を生むと同時に、新鮮さが失われる原因にもなります。

特に男女の関係では、相手に飽きてきたり、マンネリを感じたりすることがあります。

そこには、「もう何年も一緒にいる相手」「始めのころの新鮮さはない」というアイディアが隠れているかもしれません。

また、一緒にいる時間の中で、相手に対する「この人はこういう人だ」という見方が生まれていることもあるでしょう。

でもそれは、過去の記憶を通して相手を見ているため、そのままの、ピュアな表現としての相手を見ていないことになります。

しかし、すべての現象は、常にフレッシュです。

もしあなたに長年連れ添ったパートナーがいるとしたら、その相手は常に、新しい相手なのです。

究極のリラクゼーション

人生の中で立ち止まり、
居心地の悪さ、不満足を感じたことがあるかもしれない。
また、自分はいったい何者で、どこへ向かっているのかという
疑問が湧いてきたかもしれない。
そして、もしかしたら「わたし」という存在は、
幻想のようなものかもしれないと、
どこかでふと気がつく瞬間があるかもしれない。

今まで頑張ってきた「わたし」という存在は、
幻のような存在だと、どこかで腑に落ちたとき、
懐かしさと安心感に包まれる感じがすることがある。
それはつまり、わたしという存在は、
「分離」という居心地の悪さを生む存在ということを、
どこかで感じているから。

究極のリラクゼーションは、わたしのリラクゼーションではなく、
わたしの不在によって起きうる。

「わたし」は、探求する生き物です。
これは良い意味でも悪い意味でもなく、「わたし」という存在のメカニズム。

ここでいう探求とは、「足りなさを満たしてくれる何かを手に入れるため、次の瞬間に向かっていく」ということです。

何かを手に入れた瞬間、この探求（次の瞬間に向かうエネルギー）が止まります。すると、。一瞬の満足感、リラクゼーションが起きます。人はその瞬間を求めて、探求を繰り返すのです。

人は、外側の世界に、手に入れたいもの、求めているものがあると思い、信じて疑いません。

でも、何かを得た瞬間に手にするものは、足りないという感覚が消えること。つまり、人が常に求めているのは、一瞬の満足感なのです。

それは、常に「十分でない」と感じているということになります。

一瞬の満足感と同時に起きることは、一瞬のリラクゼーション。それは、求めるというエネルギーが一瞬消えることを指します。

世界中の人は、この瞬間を求めて、何かを手に入れようとしているといえます。

つまり、実際のところ、求めている何かに幸せがあるわけではなく、その先の、一瞬のリラクゼーションを求めているのです。

わたしは、「わたし」という緊張から、解放されたいのです。

でも、あなたが現実と感じている世界に、永遠に続くリラクゼーションは存在しません。

なぜなら、求めるエネルギーは、また湧いてくるからです。

あなたが求める究極のリラクゼーションは、個人が所有するものではなく、個人という枠の先にあるのです。

つまり「わたしのリラクゼーション」ではなく「わたしの不在」、「わたしからの解放」によってのみ起きる、ということです。

分離という幻想が消えた瞬間、実は一度も失われていない、究極のリラクゼーションが表にあらわれるのです。

別れ

別れは、現象界では、避けられないこと。
現象界は、常に変化していて、
出会いがあれば別れもあるから。
つまり、別れから来る悲しみも同じように、避けることはできない。
しかし、悲しみ＝苦しみではない。
悲しみも、エネルギーのピュアな表現。
避けるべきことではないし、

実際、それはできない。
しかし、人は、その感情にストーリーを乗せて、
悲しみを捉えるから、
さらなる精神的苦しみが生まれる。

人間関係において、別れはつきものです。
それは同時に、新しい出会いの可能性でもあります。それでも、別れるときは、
悲しみが湧くことは避けられません。

ただ、本当はね。
別れは、自然の動きの中でただ、起きていることです。変化する現象界のあらわ
れを、人間は「別れ」と呼んでいるのです。

でも、人間の現実は、もっと複雑です。なぜなら、原因と結果でできている、時間の中のストーリーで、すべてを捉えるからです。

自分には自由意思と選択が確実にあると思っているので、相手もまた同じように、自由意思と選択でもって、すべてを決めていると捉えます。

ここでは、恋愛の関係について、話してみましょう。

大好きな人に振られたときには、大きな悲しみが湧き起こり、さらにそこからいろいろな原因、理由を考えてしまいますね。

たとえば、自分を卑下する思考が湧いてくることもあるでしょう。

「わたしが魅力的でなかったから」

「わたしにこういう至らないところがあったから」

「優しくしなかったから」

「彼の理想の女性でなかったから」

「きっと、わたしよりももっと素敵な女性を見つけたんだわ」


あるいは、相手を責める思いも、湧いてくるかもしれません。

「なんでこんなことになるのよ！」

「相手はわたしのことをちゃんと見てくれなかった」

「なんでもっと理解してくれなかったのかしら」

「もっと一緒に頑張ってくれたらよかったのに」


後悔の念も、生まれがちですね。

「もっと優しくしていれば……」

「もっと彼の気持ちをわかってあげればよかった」

「もっと自由にさせてあげればよかった」

このように、別れの悲しみだけでなく、自分を卑下する気持ち、相手を責める思い、後悔、怒り、悔しさ……さまざまな思いが湧いてくる可能性があります。

そして最終的には、自分はまるで悲劇のヒロインであるかのように、感じてしまうのです。

もちろん、さまざまな思いは自然と湧いてくるし、避けられないもの。

でも、実際は、思い浮かぶどの理由からでもなく、別れは起きたのです。

起きていることはピュアな無時間の表現であり、原因と結果のあるストーリーとは、まったく関係がないから。

つまり、あなたが悪かったからでも、相手が悪かったからでもなく、ただ変化によって、別れが来たということなのです。

このことが、深く腑に落ちたとき、別れに後づけされた表面的ストーリーからくる、さまざまな精神的苦痛は、和らいでいくかもしれません。

はかない夢

わたしの人生ははかない夢のようなもの。

何十年かたつと、あるとき、わたしのストーリーは終わる。

それぞれのストーリーが終わる前、主人公であるわたしは、

「わたしの人生は、こうだった」

「わたしはこれからどこへ行くのだろう？」

と、いろいろな思いを巡らせるかもしれない。

しかし実は、これはまだ、夢の中で起きていること。

それぞれの人生を終える存在は、
夢の中のキャラクターだとまだ気づいていない。
夢が消えた瞬間、明らかになることは、
大事に大事に守ってきたわたしの人生は、
確かさのない、つかめない、夢のようなものだったということ。
また、自分はその夢の一部だったということ。
そして、ずっと愛の腕の中に包まれていたということ。

人生は、はかないものだという言葉があります。
誰もが知っているように、人の一生は長くて100年くらいで、何億年という地球の歴史に比べたら、ほんの一瞬と言えるくらい短いから、そんな言葉が生まれたのかもしれません。

ただ、これはあくまで表面的な時間の中での捉え方です。実際はもっと、あいまいなものかもしれません。


生まれてきたことを覚えている存在は、ほとんどいません。

そして、自分の過去の記憶は、とてもあいまいです。

自分が生きてきた何十年かの歴史のストーリーは、そのとき、話す相手によって、また、状況や捉え方によって、変わってきます。


つまり、確実な過去は、ないに等しいのです。

あるのは、過去の記録と、あいまいな記憶だけ。過去が確実に存在しているかすら、断言はできません。

もちろん、表面的には、過去はあります。

しかしそれは、それぞれの出来事を断片的に見た過去にすぎません。

わたしたちが確実にあると信じている自分の人生は、あまりにもあいまいな、夢のようなものかもしれない、ということです。


人は、その体、声、性格、キャラクター、くせ、周りとの関係などを通して、自分を確認し、自分というものがあると感じています。

しかし、老いとともに、体は自由に動かなくなり、自然と思考もスローになり、今までの過去の記憶も、どんどん失われていったとき。実は、自分はそれらのどれでもないことが明らかになります。

そして最後には、どこまでが現実かの確かさも、あいまいになります。


確かなのは、そこにあるという、事実だけ。

しかもそこには、肩書きとか、どんな性格だとか、どんなくせがあるとか、どんな家族がいるかも関係ない、生まれたばかりのときと同じ、何もストーリーが上乗せされていない、ただあるという事実しか、残っていないかもしれません。

自分が自分だと確信していた存在は、はかない夢のような存在。

そして、わたしという夢が消え、すべてを失ったとき――そこに残るのは、一度も失われていない、永遠の存在だけなのです。

ピュアな存在

人は、年を重ねるごとに、
たくさんのものを手にし、持ち物が増えていく。
知識、経験、家族、関係、役割、思い出、責任、お金、もの……。
すべてを、一生懸命、抱えて生きていく。
人生はある意味、より豊かになると同時に、重みを増していく。
また逆に、若いころのピュアさは、
年とともに、経験とともに、

薄らいでいくように感じるかもしれない。
しかし、どんなに年をとっても、
たくさんのものを抱えていっても、
その奥にあり続けているピュアな存在は変わらない。
本当は、大人も子供も変わらない。永遠にピュアなまま。
すべてのエッセンスは、永遠に変わらない。
何からも、影響を受けることはないから。

世間からはよく、「もうこんな歳だから」「もうそんな歳じゃないから」という会話が聞こえてきます。
たしかに、人間は、年とともに老化し、しわが増えたり、体力が落ちたり、忘れっぽくなったりします。

それにともない、あふれるエネルギーも、何にでもエキサイティングだった感覚も、どこかへ消えてしまったと感じるかもしれません。


また、「今から楽器を習い始めるなんて、遅すぎる」「こんな年で恋愛をしたいなんて、おかしい」「もう若くないから、派手な服は着られない」といったように、自分で自分の行動に制限をかけてしまうこともよくあります。

そんなとき人は、自分の存在価値さえ、減っているように感じるかもしれません。


しかし、大人の女性も、ピュアな少女のときと、何も変わりません。

なぜならあなたは、その体でも、能力でもないから。

体も、年齢も、経歴も、経験も、家族も、知識も、誰かの価値をあらわすものではないから。

表面的にどんなに年をとって、姿、かたちが変わっても、何も変わらない。
存在すべては、永遠に衰えない、同じエッセンスのあらわれなのです。

緊張と警戒

人は、自己意識により自分を確認し続ける存在だから、
自分がたくさんの人の輪の中に入ったとき、
周りの人よりも、
たくさんの人の中にいる自分という存在に、フォーカスする。
これはある意味、人を緊張させる原因で、
かつ、自分をより確認する状況といえる。
この緊張が高まると、人は、居心地の悪さを感じる。

なぜなら、ナチュラルなあり方、リラックスと真逆のあらわれだから。

パーティーのようなシチュエーションでは、人々は、「大勢の中の自分」という自分を強く確認します。

またそれによって、さまざまな思いが湧いてきます。

自分がどう見られるかが気になったり、どう対応すべきかを考えたり、みんなの中で一人ぼっちになったらどうしよう……という不安を抱えることも、あるかもしれません。

どうやってこの場を楽しむべきかを考えることもあるでしょうし、もちろん、新しい出会いに対する期待もあるでしょう。

このように、人は状況により、たくさんの思考を持ち、あらゆる状況を想定し、不安を抱いたり、緊張したりします。

これは特別なことではなく、分離の現実、日常で、常に起きていること。

そして人は、これらのことで、知らず知らずのうちに、エネルギーを消耗して、疲れています。


ただ、去年わたしが主催したクリスマスパーティーでは、ふだんと少し違うことが、たくさんの人に起きていたように見えました。

それは、みんなからもらったメッセージに
「今まで参加したパーティーで、一番楽しいパーティーだった！」

「あんなにリラックスできたパーティーは初めて」

というメッセージが多かったことからも、わかりました。

一見盛りあがっているように見えるパーティーでも、参加者が本当に楽しく感じているかはわからないし、ましてや興奮することはあっても、リラックスは普通、あまり感じないもの。

でも今回、みんなが口々に声をそろえて「リラックスできた」ということは、みんなの中で何か共通して感じたことが、あったのだと思います。

あくまで表面的な話ですが、あの会場で起きていたのはきっと、「大勢のなかの自分」にフォーカスする、緊張して収縮したエネルギーではなく、オープンで限りがないエネルギーが、ただ混じり合っていた、と表現できるかもしれません。

収縮は、分離を生むけれど、解放したエネルギーは、リラックスと、表面的繋がりを生みます。だからあの場では、もともとあるナチュラルなあり方に近い心地よさを感じられたんですね。

こんなふうに、愛のメッセージに触れ続けると、収縮したエネルギーが自然とゆるんでいくことがあるのです。

選択

人は、過去の経験から予想して、
自分が苦しまないように、なるべく良い思いをするように
計算して、次の瞬間を選ぶことに慣れている。
自分の幸せが侵されないように、周りと問題を起こさずに、
なるべくうまくやって行く方法を身につけていく。
大人になるにつれて、どんどんそのやり方はうまくなっていく。

しかし、それと比例して、
人生の重み、深刻さは増えているようにも見える。
それは、生き方が、瞬間的でなくなっているから。
ありのままから目をそらして、
次を計算することに
エネルギーを吸いとられているから。

実際は、マニュアルは存在しない。
そのとき、その瞬間にあることだけが、
偽りのない、ありのままのあらわれ。

起きていることをごまかす必要がなくなったとき、初めて清々しい明らかな、真実が見えだすだろう。

人はみな、大人になるにつれて、周りに合わせて生きることが、どんどんうまくなっていきます。それが自分にとって一番安全で、リスクの少ない生き方だと、自然と学んでいくからです。

しかし、そこにはいつも、自然と湧いてくる感情や感覚、思いと、なるべくうまく生きていくためのルールに従うことと、二つの間で、葛藤が起きてきます。

たとえば、ある女性が、恋人に「男友達と夜、出かけようと思う」と言ったら、「それはやめてほしい」と、渋い顔をされたとします。

すんなり、わかったと言えるときならいいですが、本当は行きたいという感情が湧いた場合、「彼の機嫌を損ねたくないから」「彼に嫌われたくないから」というアイディアとのあいだで、葛藤が起きます。

ただ実際、ここで起きていることは、男友達と出かけたいという感情と、次の瞬間に対するアイディアなのです。

ここでのお知らせは、心に従いましょうだとか、感情に従ったほうが良いです、などというアドバイスではありません。

それは、次の瞬間にどちらが起きても、それ以外起きえない、完璧なことだからです。

科学の分野でも「自分が選択する最高6秒前には、脳が決断をしている」ということが証明されつつあります。

わたしがお知らせするのは、次の瞬間を守るための、選択への深刻さが消えたとき、自然と決断を下すことが起き、葛藤を感じることが薄らぐかもしれないということ。

そして、そこで感じることは、もはや葛藤ではなくなっているかもしれない、ということです。

比較

私たちの生きる二元の現実は、
「わたし」と「誰か」というように、常に主体客体がある世界。
つまり、比較によって見えてくる世界。
そして、自分以外のものを知ることで、自分を知ることができる。
さまざまな現象の違いを比べることで、
存在や、起きていることを知ることができる。

また、それぞれのあらわれに乗せられた意味も、
比較によってのみ存在する。
つまり、それぞれの価値は、比較上のことだと言える。
人々は、この比較ということを当たり前に受け入れつつ、
そこから生まれる、いろいろな葛藤も抱えている。

しかし、実際はどんな現象も一つのエネルギーのあらわれ。
比較ができる存在なんてない。

たとえば、ある人が「幸せ」だと感じられるのは、それまでの、過去の経験や周りの状況と比べて、不幸だと感じることを知っているからです。

「病気をした去年に比べたら、今は治って幸せ」
「離婚したばかりの彼よりは、幸せ」
「この中の誰よりも年収が高くて幸せ」
たとえば、こんなふうに。

ここから言えることは、一つの「幸せ」という何かがあるわけではないということです。すべては比較の上で存在する事実、感じ方といえます。

そして、ある出来事に対する感じ方やアイディアは、人それぞれに違います。つまり、それぞれの現象自体に意味、価値があるわけではないのです。

しかし、良いか悪いか、正しいか間違いか、優れているか劣っているかでものを見ることに慣れている私たちには、それぞれの出来事そのものに、「良さ」「正しさ」

「優り」、あるいは「悪さ」「間違い」「劣り」が内在しているように見えるのです。

しかし、そんな一つの事実はありません。あるのは、良いも悪いもない、たった一つのエネルギーのあらわれだけなのです。

時間という幻想

実際は、無時間しかない。
しかし、表面的に分離が起きた瞬間、時間が生まれた。
「わたし」という存在は、時間の中の存在であり、
ストーリーの存在である。
生まれたときから、今に至り、未来に向かっている存在。
世界から独立して、自分の意思で
次の瞬間を選び、行動している存在。

しかし、過去の記憶も、未来の想像も、無時間の表現。
過去の記憶が、過去が実際にあるような印象を与え、
未来に対する想像が、実際に未来があるような印象を与える。
しかし実際は、永遠の無時間の中で、すべては起きている。
つまり、時間の中にあるわたしも、幻想ということ。

人間は発達した脳を持っているために、過去の記憶を通して、過去が経験できるように感じます。また未来について想像を巡らせることで、未来を経験しているようにも感じています。

しかし、実際は、時間は存在しません。

無時間が記憶として、想像として、あらわれているに過ぎません。

つまり、あなたが自分だと思っている存在は、無時間にあらわれているストーリ、夢のようなものなのです。

夢には、起承転結があり、確実に原因と結果があるように感じます。でも、実際に原因と結果があるわけではなくて、ただそのように夢があらわれているだけ。

寝ているときに見る夢において、夢のキャラクターが夢のストーリーをコントロールしていないことは明らかなように、ただ、そのような夢が湧いているということを、お知らせします。

恋と解放

人は、恋をして大好きな人ができると、その人に夢中になる。
そして、その恋する気持ちでいっぱいになって、我を忘れる。
大好きな人の腕に抱かれた瞬間、
キスをした瞬間、
自分は消える。
人は大好きなものに、自分を失いたい。
普段は自分が一番でも、その瞬間、我を失う。

人は、その瞬間を求めて、次の瞬間に向かっている。
すべての分離の存在が、たった一つ求めることは、
究極の愛に溶けることだけ。

恋と解放は似ているところがあります。
それは、何かに自分を失うということ。

大好きな恋人の腕に抱かれたとき、一瞬、すべてが消えた経験が、あなたにもあるかもしれませんね。
その瞬間、何とも言えない至福があらわれた記憶も、あるかもしれません。

「わたし」は、常に収縮した感覚をもった存在です。

それは、いつも何かであろうとしているから。

そして、収縮したわたしは、さらに、他の何かになろうとしています。

でも、本当はリラックスしたいんです。


同時に、「わたし」には、何か足りない、失ったという感覚があります。だから、その何かを、周りの愛で埋めたいと思うのです。

だから人は、愛されたいし、愛したい。

ただ、何かが足りないという感覚は、他人の愛では、永遠に埋めることはできません。

なぜなら、何かを手に入れることでは、分離の感覚は消えないからです。

人が本当に求めていること。それは、究極の愛に溶けることなのです。

エゴ

エゴについて良く勘違いすることがある。
人は、エゴは悪いことと捉えて、
エゴを一生懸命、なくす努力をするのである。

しかし、実際、人はエゴ的なのだ。
エゴ的でない人は、存在しないのである。
つまり、人がエゴをなくす努力をすることは、

虫取り網で、空気を捉えようとするようなものなのだ。
人は、自分が一番大切で、それがエゴだというのであれば、
エゴは、人間の性質そのものなのだ。
良くも悪くもない、ただの性質である。

「あの人はエゴ的だね」とか、「それはエゴの仕業だよ」という言葉を、よく聞きます。

動物はよく、いわゆるエゴ的と言われる行動をとります。
自分の好物の骨を他の犬と奪いあったり、他の犬に取られないように、一生懸命隠そうとしたりします。
また、飼い主のひざの上に乗り、自分だけが飼い主を独り占めしようとすることもあるかもしれません。

こういった行動を人間がとったときに、人はそれを「エゴ的だ」と表現するのでしょう。

しかし、人間は道徳や世間体を考えて、動物ほどはあからさまには行動に移しません。でも、本性としては、同じ欲望があるでしょう。

動物との大きな違いは、動物は、その行動をいちいちエゴ的だと認識したり、責めたりしないところです。

そこにもともと、悪気を感じる存在がないんです。

人がエゴ的な行動を責めるのは、他人に迷惑がかかるというアイディアがあると同時に、それよりも、自分が他人のエゴの犠牲になりたくないというアイディアがあるのです。

しかし、人はエゴ的な動物なのです。

つまり、エゴはなくすべきことでもなければ、悪いものでもない、ただ、人間の性質なのです。

また、解放が起きるとエゴが消えて、ネガティブな考えや行動は起こらなくなるというアイディアも、誤解です。

もちろん、解放によって、その体が持つ性格や性質が変わることもたくさんあります。しかし、動物と同じで、体が求める本能、習性が完全に変わるわけではないのです。

解放はキャラクターが解放するわけではなく、そのキャラクターと同一化した、収縮したエネルギーが消えることなのです。

孤独と一人

本当は、自分も他人もない。
あるのは、それ以外ない、すべてだけ。
つまり、すべてはある意味、一人きり。

でも、これは寂しい一人でも、
孤独な一人でもない。

人が寂しさや孤独を感じるのは、自分が世界から独立し、また、世界から、周りから取り残された存在だと感じるから。
だから、それを何かで埋めたい。
他人の愛で埋めたい。

幻想の一人は、ちょっと切ない夢の中。
全体の一人は、他に何も必要としない、満たされたすべて。

人は誰しも、一度は、孤独を感じたことがあるでしょう。
「人間は孤独な生き物だ」という言葉さえあります。
孤独という感情は、実は、環境とは関係ありません。
「世界」と「自分」とを分けて考え、自分を世界から独立した存在だと捉えるところから始まるのです。そして世界から取り残され、何か足りない、何かで埋めたいと、どこかで感じていることで、生じる感情です。

しかし、このことには、ほとんどの人が気づいていません。

人は、孤独の理由を、現象界、現実の中に見つけます。

すると、理由は、状況や環境によって、さまざま。

本当に一人ぼっちで、孤独を感じるときもあれば、大勢の中の自分を感じて、逆に孤独を感じるときもあるでしょう。

また、普段はあまり孤独を感じなくても、何かはなやかなイベント、たとえばクリスマスやバレンタインなどで街が賑わっているときに、自分には彼氏や彼女がいなくて一人ぼっちだと思えば、孤独が顔を出すかもしれません。

社会に与えられた、孤独の概念が、孤独を強めることもありえます。

たとえば、「一人は寂しい」、「パートナーがいないことは寂しい」という言葉を、人から、あるいはテレビや雑誌から何度も見聞きし続けていれば、それを真実として、捉えるかもしれません。

そして、周りを見回して、賑やかであればあるほど、「やっぱり自分は寂しいのだ」と、寂しい感情を強めるでしょう。

このように、人は、ピュアな感覚から、概念や社会の印象から、すべてを現実として受けとり、それを感じています。

つまり、孤独の元をたどっていくと、世界と離れた感覚、分離であって、それが状況によって強くあらわれることもある、ということです。

しかし、孤独は、どうしても避けるべき、恐ろしい感情ではありません。

もし、それが湧いてきたのであれば、それ以外は起きえなかったのです。
真の自由は、嫌な経験をなくすことや、避けることではありません。
それは、分離の存在である「わたし」には、永遠に無理な話です。
真の自由は起きていることの中にしかありません。
つまり、孤独の感情の中に、真の自由が存在しているのです。

究極の愛はあなたを認識しない

それは、あなたが思っているあなたという存在は、
夢のキャラクターのような存在だから。
だから、今まで起きた、
辛い経験、悲しい経験、寂しい思い、理不尽だと思うことも、
あなたが受けとったと感じていることを、
究極の愛は、まったく知らない。
なぜなら、あなたが思っているあなたという存在は、

経験を受けとる存在ではなく、愛の表現（経験）そのものだから。

つまり、愛そのものだから。

存在すべてが、究極の愛の表現。


「なぜこんなことが起こるの」

「どうしてこんな思いをするんだろう」

誰でも一度は、こう思ったことがあるだろう。

たとえば、大好きな彼に急に振られてしまったとき。

会社で上司に悪くもないのに怒られたとき。

荷物を電車に置き忘れたとき。

大切なジュエリーを落としてしまったとき。

このような経験は、日常でしばしば起こることです。

こんなとき、世界に対し、怒りを持ったり　または、悲劇のヒロイン気分に浸ったりしたことも、あるかもしれません。

でもそれは、世界がわざと、あなたにそのような思いを与えているのではありません。

なぜなら、あなたがあなただと思う存在は、夢の中のキャラクターのような存在だから。つまり、幻想のような存在だから。

だから、全体は、あなたの存在を知らないし、認識しないのです。

つまり、今まで起きた、

辛い経験、

悲しい経験、

寂しい思い、

理不尽だとあなたが思うこと、

すべて、認識していません。

なぜなら、全体は自分を知る必要がないから。

あなたがあなただと思う存在は、経験者ではなく、全体の経験（表現）そのものなのです。

だから、あなたも、あなたが受けとったと思う経験も、すべては愛の表現。

すべては、与える存在でも、愛を受けとる存在でも、愛を必要とする存在でもありません。

あなたという表現は、愛が何かを受けとっている印象としてあらわれている表現。

つまり、あなたという表現も、愛そのものなのです。

「ねばならない」のトリック

世界中のたった一つの望みは、究極の自由。
それは、あるがままそのもののこと。
つまり、二つ目がない。距離がない現実。
しかし、人間の現実は、分離の現実であり、そこには距離がある。
つまり、すでに究極の自由からの距離がある現実。
そして、さらに概念の現実は、
「こうでなければいけない」であふれている。

ナチュラルに起きてくることと、
表面的に合わせなければいけない世界のルールと、
二つの間の距離が、苦しみを生む。
しかし、実際は世界と離れた存在、
つまり二番目はどこにもいない。
何も変わらないし、同時に変化し続ける
たった一つの愛の表現だけが、あり続けている。

人間は社会のルールの中で生きています。そして、そのルールに自分を合わせることが正しいと捉えられています。

それは、「ねばならない」という言葉に、よくあらわれています。

人は、無意識に、常に「ねばならない」を意識し、そのルールに合わせようとします。

一日の中で、人はどれだけ、この「ねばならない」に縛られ、苦しめられているでしょう。

たとえば、朝寝坊して、遅刻してしまいそうになるとします。

すると、頭に浮かぶのは、「早く出勤しなければならない」という言葉。同時にそこには、重みとなる感情が湧き起こります。

またある人が、自分の娘を強く叱ってしまったとしましょう。

すると、「あんなに強く叱るべきでなかった」という後悔、すなわち「優しい親でいなければならない」という思いが、湧くかもしれません。

また、周りの人はいろいろ頑張っていて、どんどん夢を叶えて成功しているのに、自分は努力が足りないと感じれば、「もっと頑張らなくてはならない」と感じるものです。

このように、人は常に自分の中の基準――この基準は、育ってきた中で教えられたり、どこかで拾ってきたりしたアイディアでしかないのだけれど――に、常に自分を照らし合わせています。

そうやって、あらゆる基準の中で、がんじがらめになって生きているのです。

そして、その「こうでなければいけない」という基準から外れたときには、自己嫌悪に陥ったり、自分を卑下したりすることが起きます。

普段の生活の中で、たいして大きな事件がなくても、「わたし」は概念によって、苦しみをめいいっぱい感じていると言えます。

しかも、わたしは、自分の幸せを求める存在です。

つまり、一生懸命良くなろうとしているだけなのに、同時に自分は十分でないことを確認し続け、重み、苦しみを繰り返し感じているのです。

それぞれの性格によって、捉え方の深刻さに違いはあるでしょう。神経質な性格の人であれば、小さなことも、とても大きな問題として捉えるかもしれません。

一方で、あまり細かいことは気にならない性格の人、自分をあまり責めない人もいるでしょう。

わたしが子どものころは、学校に筆箱を忘れてしまっただけで、犯罪でも犯したかというくらい、大きな間違いをしてしまったと感じ、ひどく苦しみました。

しかし、先ほどもお話ししたように、「ねばならない」はどこかから拾ってきたアイディアです。

そこに一つの正しい真実はありません。状況によって、他人によって、環境によって、その基準は変わります。

それに実際は、起きている表現は、ニュートラルで、もともと何も意味を持たないのです。

「起こるべきでない」ことはない

すべては、常に完璧。
なぜなら、それしか起きていないから。
「起こるべきでない」と感じるのは、
起きたことに対して、後づけされたアイディア、
つまり二番目、幻想だから。
だから、どんなにそう感じることも、
「起こるべきでない」ことはない。

「起こるべきでない」と感じるのは、
「こうあるべき」というアイディアが隠れているから。

ただ、すべてを受け入れることではない。
怒りも、悲しみも、辛いときも……
「起こるべきでないこと」でも、
「避けるべきこと」でもないということ。
それが、湧いてきているのだから。
完璧な一つの、愛の表現だということ。
そしてすべては、何もない空間に消えていく。

現象の世界は変化の世界。

その中で人は、存在しない、何か確かなことをつかもうと必死になります。

そして、今、起きていることよりも、「起こるべきでなかった」という後づけのアイディアを、何の疑いもなく信じます。


でも、起きている現象に意味はありません。

何かに向かっているわけでも、ありません。

つまり、そこには、起こるべきでないことはありえないのです。

なぜなら、起きていることしかないから。

起きていること以外が起きうる可能性、たとえば「もっと違う行動をとる余地があったのではないか」というアイディアは、起きたことに対して後づけされたアイデアに過ぎないのです。

所有という幻想

わたしの経験
わたしの関係
わたしの感情
わたしの思考
わたしの望み
わたしの苦しみ……
人は、たくさんのことを抱えて生きている。

しかし、これらすべては、本当に自分から湧いたものだろうか？
わたしの考えは、オリジナルのアイディアなのだろうか？
本当は、誰かに教えられたり、
どこかから拾ってきたりしたアイディア。
すべては何もないところからあらわれて、消えていく現象。
何かをとっておくことなんて、できない。

人間の体にわたしという存在が生まれたときから、分離の世界が生まれます。わたしは世界の中心として生きていくことになります。

そしてわたしは、自分にまつわるすべてを自分のものとして捉えて、抱えていきます。物理的なものだけではなく、さまざまな感情や記憶、関係など、あらゆることを、です。

人が人生に重みを感じているのは、こうしてさまざまな事柄を抱えているからこそ、なのです。

少し前に「断捨離」という言葉が流行っていましたが、それはどこかで、所有による重みを感じているからかもしれません。

人は、集めるほどに、何かを得て、どんどん豊かになっていると感じるかもしれません。でも、同時に重みや混乱を、どこかで感じているのです。

実際は、何かを所有できる中心はありません。

すべては同じ一つのエネルギーの表現として、ただ、あらわれているだけだからです。

ナチュラルなあり方

究極のナチュラルは、
「すべて」以外の二つ目がない、表現そのもの。
表現自体が究極のナチュラルなあり方であり、
誰かがナチュラルになるわけではない。

ここでいうナチュラルは、
ナチュラルに振る舞うとか、

ナチュラルになる、ということを超えたもの。
なぜなら、何かになろうとしている存在自体は、
究極のナチュラルにはなりえないからである。
究極のナチュラルとは、すでに起きていること以外にはない。

人がナチュラルなあり方を目指すのは、なぜでしょうか。

それは、不自然さよりも、ナチュラルな方が心地いいからですね。

しかし、一生懸命、ナチュラルになろうとすることは、ナチュラルとは反対なのです。それは、ナチュラルを意識した時点で、ナチュラルではなくなっているから。

舞台の上で緊張している人が、ナチュラルにふるまおうとして、余計に不自然な動きになってしまうことがあります。それと同じことです。

ここでいうナチュラルは、誰かが意図的にナチュラルにふるまうことではなく、自然に起きてくることを指しています。

赤ちゃんを見ると、よくわかります。

そこには、自分の行動を意識し、計算しながら泣いている存在がありません。

赤ちゃんの笑顔を見たとき、そこに純粋無垢な存在を感じ、惹かれるのは、それを意識している存在がいないからです。つまり分離の存在、自分や周りを観察し、次の動きを計算している存在がいない、ということです。

あるがままに勝るナチュラルは、存在しません。

完全が不完全に映る現実

すべては、つねにこれ以上ない完璧な表現。
どこにも向かってない。目的もない。
ただ、表現が繰り返されるだけ。
そこには、足りないものが、もともとない。

しかし、その表現が「わたし」として独立して、
中心として指揮をとりだしした瞬間に、

完璧で完成された現実は、
どこか足りない、これから完成させることが必要な、
不完全な現実へと変わる。

なぜなら、分離の存在自体が、不完全さを感じているから。
わたしという分離のベールを通して世界を見るため、
見るものすべてでも、不完全に映る。
分離の世界は、完全が不完全に映る世界。
本当は、分離のない完璧しかない。
分離は、愛のゲームの仕掛けにすぎないけれど。

これはテーブル、これは椅子、これは思考、これは感情……

人間は、すべてを分離の目で見ます。

すべてが、バラバラに存在している、物質と捉えるのです。

そして、見るものすべてが自分と離れて存在しているというところに、不満足を感じます。

しかし、実際の分離は存在しないし、どこにも境はありません。

あるのは、同じエネルギーの、違う表現だけ。

あるのは、表面的に変化する、一つの動きだけ。

解体の先に

ノンデュアリティのメッセージに触れ続けていると、
自然と解体——収縮していたエネルギーが緩んでくること——が
起きてくる。

今まで確実に現実でしかなかった、
信じきってきた概念が崩れていくことによって、
人は、どんどん自然なあり方に近づき、ナチュラルになっていく。

すると、苦しかった「わたし」はどんどん楽になり、
日常は何も変わらないのに、これといった理由なしに、
解放感を感じるようになるかもしれない。
それは、このメッセージによって、
概念の奴隷になっていたわたしが、解放され始めるから。
しかし、解放するのはあくまでも「幻想のわたし」ではない。
エネルギー的解体によって、わたしが楽になっていくことは、
表面的な副産物であって、目的とすることではない。
わたしの解体が目的になった瞬間に、また、
永遠の探求のループに戻っていく。

解放は、「わたし」の解放ではなく、「わたしから」の解放なのだ。

人は、苦しみから逃げられなくて、どうしていいかわからなくなったとき、どこまでいってもたどり着かないことに気づき出したとき、このメッセージに出合うことがあります。

究極のメッセージに出合うことで、何かが変化していきます。

確実に信じてきた現実、信仰、アイディアはもともとある真実ではないことが明らかになっていったとき、何かが崩れ出していくのです。

それにより、今まで収縮していたエネルギーは、緩み出し、軽やかさとエネルギーが戻ってくることがあります。

そして、これを感じた「幻想のわたし」は、自分がどんどん良くなっていることを感じ、喜びがあふれ出します。

これは、このメッセージによって起きうる素晴らしい現象であり、人を苦しみから救うところでもあります。

しかし、そこに、変化を感じ、それ以上の変化を求める存在があらわれだしたとき、変化はまだ夢の中で起きていることが、見えなくなります。

つまり、変化を感じている存在が、確実に存在する、解放に向かっている存在になるからです。

解放は、誰かが解放するのではありません。解放とは、たとえるなら、すべてが見ている「あなた」という夢があり、その夢が突然消える、ということなのです。

つまり、夢から覚め、目覚めるのは、夢の中の存在である、あなたではないということ。

夢の中で起きている解体は、解放——夢の終わり——とは、直接は関係ないことがわかるでしょう。

あるのは、すでに目覚めている、すべてだけなのです。

明るい未来

人は、明るい未来を夢見て前へ向かっている。
そして、いつか素晴らしい幸せが訪れるだろうと、
希望を持って生きている。
しかし、その未来はどこにあるのだろうか？
それは、いつも想像の中である。
つまり、未来は永遠にこないのである。
あるのは、光に満ち続けているすべて。

想像よりもはるかに明らかに、すべては常に輝いている。次だけを見ているから見えないだけで。

一つのエネルギーがかたちを変え、わたしたちが見ている世界を表現しています。

すべてに分離はなく、生命のエネルギーが輝きを放っています。

今、すべてから放たれた光が見えないのなら、それは概念を通して、わたしというベールを通して、世界を見ているから。


明るい未来は、未来にはありません。

すべては、光の世界で起きていることです。

そして世界中が求めているのは、すでにある輝いた存在そのものなのです。

愛はいつも呼んでいる

究極の愛はオープンで明らか。
一度も隠れず、一度も離れたことがない。
無条件にすべてを受け入れ、何も拒まない。

どんなに「幻想のわたし」が気づかないふりをしても、
いつもそばで、諦めることなく、呼び続けている。
「そっちじゃないよ、ここだよ」って……。

そして、腕を広げて待っている。
幻想のわたしがいつでも完全に安らげるように。

世界中が求めていることは、たった一つだけ。

それは、永遠に変わらない無条件の愛。

だから、あなたが今どんな望みを持っていても、どんなに手に入れたいものがあっても、それは、本当の目的ではありません。

たった一つの求めているものが何なのかがわからないから、今求めているものに幸せがあると信じているから、一生懸命、自分の望みを叶えようとしているだけなのです。


でも、二元の現実のどんなものも、本当に求めているものではありません。

なぜなら、二元の現実自体が、夢のような現実だから。

あとで付け足された、創られた世界だから。

それは、変化の現実で、そこには求める永遠はないから。


本当はみんな、変化に翻弄され、限界に縛られる世界から抜け出したい。そのことを、すべてが知っています。

ただ、気づかないふりをしているだけ。近すぎて見えないだけ。

世界中が求めているものは、存在すべて。

明らかで、何も隠れていない、すべて。

どこまでいっても離れることがなく、どんなにあなたが無視をしても、一度も諦めることなく、常に呼び続けています。

すべてがすでにたどりついているのです。

なぜなら、明らかな一つの存在しかないから。

シリルのシークレット

Cyril's secret

菜穂の恋人・シリルから、彼女についてのショートリポートをお届けします。

菜穂は、人生において大変な状況のときも、
いつもと同じように、深刻さがなく、軽やかだ。
いつもナチュラルで、瞬間的。

ネガティブなことをずっと抱えていてはいけないと、
教えてくれる。

彼女はポジティブなことだけとっておき、
苦しみを与えることは、その場で捨てることができる。

いっしょに過ごしていくうちに、
菜穂がなぜ、いつも良い一日を過ごせるのかわかってきた。
彼女は常に、エキサイティングな感覚を持っているからだ。

僕は彼女が理由なしに、
興奮して飛び跳ねているのを見るのが大好きだ。
表面的にではなく、言うこと、やることに、
心からエキサイティングしている。

今ちょうど、彼女に聞いてみたんだ。
「なんで君は、いつもエキサイトしているの?」
彼女は言った。
「分からない！(笑)」
そして突然、また理由もなく、笑いながら飛び跳ねたんだ。
僕は、そんな彼女が大好きだ！！

ピュアな現実と
愛を求める人々へ

pure life and for people seeking for LOVE

Q

人からされた嫌なことは、なんとか受け流せても、自分が誰かに迷惑をかけたときの後悔や自責の念は、なかなか消すことができません。たとえば誰かとケンカをして、ひどいことを言ってしまったとき。なんであんなことを言ってしまったんだろうと、ずっと引きずってしまいます……。
こんなわたしに、何かアドバイスをいただけますか。

A

そうですね。後悔や自責の念は、苦しみと感じるところですね。
人は、自分がやってしまったことについて、すごく小さなことから大きなことまで、そのときのマイナスの感情や思考を、繰り返し受けとめています。

自分では気づいていなくても、一日のなかで、何度も何度も。

たとえば「待ち合わせに五分遅れちゃった」というような、細かい、たいしたことのないミスでもそう。軽いジャブを受け続けてしまうのが、人間なんですね。


そして、後悔や自責の念が繰り返し起きてくると、今度は、だんだん、自己嫌悪のような思いが生まれてきます。

もちろん、その思いにも、良い悪いはないんです。だけれども……「わたし」と「わたし以外」がいて、「わたし」は行為者で、「わたし」の責任でことが起きていると考えることは、どうしても苦しみや深刻さにつながってしまうんですね。


でも本当は、行為者は、いないんです。すごく、簡単なこと。

たとえば、自分が「座っている」あるいは「立っている」と、いちいち意識していることって、ほとんどないと思うんです。

今なら、文章を読むことに集中していますよね。でも本来、「座っている」ことも、起きていることなんです。なのに、それを起きていることだとは、意識しないですよね。

こんなふうに、「わたし」があらわれることなく、起きていることも、たくさんあるんです。

ただ、人間にとっては、その時々、意識が向いていて、「あ、これはわたしがやっている」と思うことだけが、たしかな現実なんですね。

でも、本当はぜんぶ起きていて、同時に何も起きていないの。

それから人間は、自分の体は自分、自分と世界には境目があるという意識があって、自分のことだけはコントロールできるものだという考えがあります。

でも、本当は、そうじゃないんです。わたしと世界に、分離はないから。

ただ、自分の体は自分という意識が生まれた瞬間、世界と自分は分離していて、自分の意思の選択で、勝手に行動しているということを、すごく現実的に感じるような、印象を受けるんですね。

でも、それはあくまで、印象なんです。

Q

菜穂さんは、思い出に執着してしまうことはありませんか？
私は、昔の恋人のことをずっと忘れられずにいます。楽しかった思い出を何度も振り返っては、もうあの人以上の存在なんてあらわれない、と思ってしまって、未来に希望が持てません……。

A

思い出に執着……ないですね（笑）。
本当は、何もとっておけないし、何かをとっておこうとするエネルギーも、ないだけ。

あなたが昔の恋人が忘れられないというのは、今、起きていることです。そのこと自体に、良い悪いはないんですよ。
ただ、彼に対して執着があるから、それが苦しみにつながっているんですね。
つまりあなたは、大切な彼との関係に幸せがあったけれど、その幸せを失ってしまったと感じているということです。

わたしも昔は、大好きな彼といることが幸せだと思っていました。別れたときは、この世の終わりと感じるほど、寂しかった。

でも、「誰か」や「何か」には、求めている幸せはないですよ。

もちろん、彼との時間は楽しく、幸せを感じることがたくさんあったと思います。
ただ、それは、自分の幸せを完成させるものではないんです。

人は、自分が完全に満足していないと感じているところを、何かで埋めたいと感じているんです。この場合は、それが、恋愛ですね。

でも、足りないと感じている感覚は、何かでは埋められません。もし何かを手に入れても、永遠の満足は続かないんですよ。

そして、現象の世界は変化の世界ですから、永遠に同じであり続けるものは、何一つないんです。だから、何かに執着があることは、どうしても苦しみにつながります。

それとね、人は、「もうあの人以上の人はあらわれない」と、決めつけてしまう、そういうプランを作るのが好きなんです。

でも、もっと素敵な彼があらわれる可能性は、ありますよね。

人は、次にだいたいどういうことが起こりそうかと予測することで、安心したいんです。だから、次の瞬間のだいたいの予想を立てて、生きているんです。

ただ、実際は次に何が起きるかは、誰にも、わからないんですよ。

Q

菜穂さんは、ダイエットをすることはありますか？

わたしは「3キロやせる」「今の体重をキープする」などの目標がないと、すぐに太ってしまいます。何も考えずに、好きなものを好きなだけ食べていたら、大変なことになります。

スリムなほうが愛されやすいと思うので、太りたくはありません。とはいえ「今よりもっとこうなりたい」という思いは苦しみにつながるということもよくわかるので、悩ましいです。

A

ダイエットというか、「今日はあまり食べないようにしよう」という思考が湧いて食べないことはあります。逆に、そういう思考が湧いても、食べることもあります（笑）。

ただ、食事の量を減らすことによって、痩せて、それで何かを得たいというアイディアはないですね。

「痩せたい」という欲望があるとして、そういう思いが湧くこと自体に、良い悪いはないんですよ。

「今よりもっとこうなりたい」という思いそのものには、苦しみはないんです。

「どうしたい」という思いがあれば、それをすることも起きてくるかもしれません。

たとえば、眠くなったら眠ったり、おなかが空いたら何かを食べたり。でも、そこに葛藤はありませんよね。とても自然に起きていることです。

「今よりもっとこうなりたい」という思いから深刻さが生まれるのは、そこに「太ったら困る」「痩せれば愛される」というアイディアがあるから。だから、食べたいだけ食べたら大変なことになるという思いが生まれるんですね。

ただ、ここでお伝えしたいのは、どんな目標を達成しても、どんな望みを叶えたとしても、真に求めていることではないということです。

たとえば、「3キロ痩せる」という目標を達成したとします。その瞬間は、目標が達成できて、喜びと満足感が湧きます。

でも、仮に3キロ痩せて、誰かに好かれたとしても、求めていた理想は手に入りません。今度は「その人に愛され続けなきゃ」という思いや、「もっと愛されるには、どうしたらいいんだろう」という思いが湧くかもしれないからです。

つまり、満足感は瞬間的なもので、それが消えたら、次の「もっとこうなったら」を設定する、ということが繰り返し起きてくるのです。

このことが明らかにしていることは、次の瞬間に、永遠に続く満足は存在しないということ。そして、これで終わりという、たどりつく場所は、もともとないということ。

たどりつける場所があると、誰もが当たり前に思っているかもしれません。

もしくは、なんとなく生きているかもしれません。

いずれにせよ、人々が求めているのは、永遠に続く満足であり、完成です。

実は、その完成は分離の存在であるわたしには、見えないだけで、一度も失われていないのです。

ただ、それは、求めることでは手には入らない。求める前に、すでに満たされているということなのです。

そのことが自然と明らかになったとき、すべての中に、求めるエネルギーが溶けていくかもしれません。

Q

以前の恋人とは、食べものの好みや金銭感覚など、あらゆる価値観が違っていました。うまくいかなかった原因はそこにあったような気がします。

菜穂さんと恋人のシリルさんは、言語も文化もまるで違う国で生まれ育った方同士ですよね。価値観の違いが原因でケンカになったりはしませんか？

A

たしかに、わたしたちは違ったバックグラウンドを持っています。

彼は10歳年下のパリジャンです。そして、心の底から神様を信じている、クリスチャン。

唯一ある共通点は、誕生日が同じ月ということくらい（笑）。

そんなわたしたちですが、長く一緒に暮らしていても、意見の相違が二人の関係の妨げになったことは、一度もないですね。

というか、正直、意見の違いが人間関係の妨げになるということさえ、すっかり忘れていました。

なぜうまくいっているか……表面的な理由の一つは、意見の違いは違いであって、どちらが正しい、という話にならないからかな。

意見が同じじゃないといけないというアイディアがないんです。

たとえば、お互いを強制するような会話になったことがない。

相手の意見を変えようとしたり、意見の相違を同じにしようとしたりしたことが、一度もないんです。

だから、違いを問題と思ったことがまったくない。

あと、お互いの違いから問題が起きるのは、そこに、自分の意見の正しさ＝自分の価値という考えが隠れているからかもしれませんね。

だから、自分の意見を否定されたとき、自分の価値も否定されたように感じてしまう。

その奥には、自分にどこか足りなさを感じているから、意見の同意によって誰かに認められたいという考えがあるのかもしれません。

でもね。意見の違いと否定は、まったく関係がないんです。すべてに価値があり、同時に価値がないから。

意見は、一つの見方でしかなく、事実ではありません。どこかから拾ってきた、アイディアに過ぎない。

そして違いは、良くも悪くもなく、ただ違いとしてあらわれているだけなんですよ。とてもシンプル。

Q

菜穂さんは、もし万が一、恋人が浮気をしたら、どう思いますか。

そこに苦しみはないのでしょうか？

A

そうですね……その場になってみないとわかりませんが、それを知った瞬間、怒りが湧くかもしれませんね。

ただ、ここには、怒りがくっつく中心がないんです。

そして、怒りの感情＝苦しみではないんです。

苦しみは、「彼が浮気をした」というストーリーが自分を傷つけるというアイディアから生じるんです。でも、実際は何かをした存在も、何かをされた存在もないんです。ただ、そのようなストーリーが湧いているだけで。

そして、わたしと彼が一緒にいる理由は、彼がわたしのタイプだからでも、フランス人だからでも、彼がとても優しいからでもないのです。ただ、一緒にいることが起きているんです。ここには、ストーリーがないんです。

もちろん、会話の中では、パリで出会って以来、10年間付き合っているというようなストーリーを話すことはできます。ただ、どれも、真実ではないんですよ。

何が起きても、真実ではないんです。なぜなら、同時に何も起きていないことが常に明らかだからです。

Q

菜穂さんの恋人、シリルさんに質問です。
シリルさんから見て、菜穂さんが「愛からのメッセージ」に出合い、
解放されてから、どんな変化を感じますか？

A

よく、同じ質問をされます。ニューヨークでも、聞かれたことがあります。

菜穂は覚醒した後、少し変わりました。
彼女は、ただ美しいだけでなく、とってもキュートになったのです。
ときどき、以前は見せなかった、赤ちゃんのような顔を見せます。その顔は、本当にスイート。

後先を考えず、自分の行動を意識せず、ただ無邪気に何かをしている様子は、本当に小さな子どものよう。そんなとき、彼女の年はいくつなのかと、自分に問いかけてしまいます。

また、以前の彼女は、細かいことを気にしたり、周りにどう思われるかを気にしたりしていました。でも、それがもうまったくないですね。

それから、解放以来、自信にあふれているようにも見えます。

とにかく、彼女は自分の好きなように、いつも自由に行動している。そして、いつもエネルギーにあふれていて、楽しそうです。

Q

家族や恋人が辛そうにしているとき、どうしたらいいかわかりません。

だいたいの場合、話を聞いたり、肩をもむくらいしかできませんが、もっと何かしてあげたいと思ってしまいます。

菜穂さんは、恋人が落ちこんでいるとき、どうなさっていますか？

A

彼が落ちこんだとき、彼が何かを必要とすれば、それをしているかもしれないですし、アドバイスをしているかもしれません。

ただだね。

これは、本当にその場になってみないとわからないんです。

なぜなら、すべては瞬間的に起きていることで、誰かがプランして起きていることではいないからです。

ここには、いちいち「こういうとき、どうしたらいいか」と考える「わたし」というエネルギーがありません。考える前に先に行動していて、それに対していちいち考えてないんです。

もし、その瞬間考えることが同時に起きていても、すぐに消えてしまうんです。だから、正直悩みもなければ、何かを思い悩んでいる存在がないんです。

だから、その瞬間もっと何かをしてあげたいと思えば、同時にそれが起きているでしょうし、困っていれば助けようとしていると思います。

ただ、それが起きなかったとしても、完璧なんです。起きていることしか、ないですからね。

Q

片思い中の相手が、とても冷たいです。

メールをしても返信がないし、電話も着信拒否をされているのかと思うくらい、まったく出てくれません。わたしはそのたびに本当に辛くて、落ちこんでしまいます。

こんなとき、菜穂さんだったらどう考えるのか、教えてください。

A

大好きな人からの反応が薄いのは、とっても傷つくと思うし、絶望的な気分になってしまいますね。

またそこからたくさんの考えが湧いてきて、ぐるぐる考えこんでしまうかもしれません。

「自分があんな行動をとってしまったから、怒らせたのかも」

「あのとき、もっとこうしておけば良かった……」

「ほかに好きな子ができた可能性もある」

そんなアイディアが湧くのも、自然なことです。


ただ一つだけ言えるのは、起きたことに、真の意味での原因と結果はないということ。

どちらのせい、などということはないんです。


つまり、彼がメールをしないのは、彼がメールをしないということが起きていて、実際は、そこに自由意志も選択もないんです。

ただ、そこに、「嫌われているのかしら?」とか、「拒否されているのかも?」というストーリーが後づけされているんです。

メールが返ってこないということに付け加えて、さらに「拒否されている」という、悲しい思いが付け加わっているので、余計、苦しみが大きく感じられているのですね。

でも、実際は、誰も、何もしていないんですよ。

実際は、行為者はいませんから。

メールに返信をしない相手も、返信が返ってこないあなたも、ぜんぶ、たった一つの無限のあらわれです。

実際は何かを与えている人もいない。

受けとっている人もいないんです。

これは頭ではなかなか理解できないかもしれませんが、もう一つの可能性として、お知らせしておきますね。

Q

恋人のことを本当に愛しているのかが、自分でよくわからなくなるときがあります。

付き合い始めは、好きで好きでしょうがない！　という状態だったのに、だんだん、熱意が薄れてきたというか……。

相手のことは、良い人だとは思います。好きか嫌いかでいえば、好きです。でも、これが愛なのかはわかりません。

こんなわたしに、何かアドバイスをいただけると嬉しいです。

A

「愛しているかわからない」ということが起きているのであれば、それが起きているんです。

前よりも熱意が薄れていると感じていれば、それも起きていることですね。

その起きている変化に、良い悪いはありません。

ただ、「あんなに好きだったのに、変わってしまった」というところに寂しさを感じているんですね。

「わたし」という存在は、そういった意味で変化を嫌うものです。

そこに良い人だとは思うとか、好きか嫌かでいったら好きですとか、結論を出す必要はないんですよ。

一生懸命、好きと思う必要もないんです。

気持ちが変わるのは、とっても自然で、ごく当たり前のことです。だから、以前に比べて熱意が薄れるということは、良くも悪くもなく、普通に起きうることなんです。

ただ、「あんなに好きだったのに、変わってしまった」というストーリーが上乗せされて、そこに寂しさを感じているということです。

人は、起きていることが継続していると感じているかもしれません。でも実は、すべてが常に変化し、新しいんです。ですから、気持ちも常に新しいもの。

人は、愛は満足を与えてくれるものだから、とっておきたくて、持ち続けたいと望みます。だから、その変化を受け入れたくないという気持ちがあるのかもしれません。

しかし、皆さんが思う愛は「愛情」という「気持ち」なんです。つまり湧いては消え、常に変化している感情です。

でも関係の中には、永遠の、無条件の愛はないんです。

あと、「これが愛かわからない」ということに関して言えば、「愛」を気持ちとして捉えているのであれば、愛情は変わったということですね。

また、「わたし」という存在は、無条件の愛に出合ったことがありません。だから、本当に求める愛を知らないとも言えるでしょう。

Q

大好きな彼と、とてもうまくいっているのですが、どんなに彼から好きだと言われても、常に不安が消えません。

昨日は好きと言ってくれたけれど、今日はもう気が変わっているんじゃないか。

そんなネガティブな想像が止まらず、何度も気持ちを確認したくなります。

また、素の自分を出したら引かれそうで、彼の前ではリラックスできません。

どうしたら、もっと穏やかな気持ちで恋愛を楽しめるのでしょうか。

A

昔の菜穂みたい！（笑）

「自分のすべてを彼に愛され続けたい」という思いと、「絶対に嫌われたくない」という二つの思いでいっぱいなのが、よくわかります。

大好きな彼とずっと一緒にいたいと願うことは、とても当たり前のことなのだけれど。

ただ、その思いだけがどんどん強くなると、好きとか、一緒にいて楽しいという本来のピュアな思いが消えてしまって、恋愛がしんどく、辛いものになってしまいますよね。

どうしてこういう思考回路になってしまうかというと、「彼に愛されること＝自分の幸せ」というアイディアがあるから。

「彼に嫌われること＝自分の不幸せ」だと感じているから、いつ、今ある幸せを失うかわからないという恐怖と、失いたくないという強迫観念にとらわれてしまうんです。

でも、もうそのループに入っている時点で、本来の幸せがどこかにいってしまっていることには、気づいていないんですね。

どんなに大好きな彼でも、彼は、あなたの幸せじゃないんです。

「誰か」や「何か」に、求めている幸せはないの。

これは、前の「昔の恋人が忘れられなくて辛い」というお悩みのところでも、お伝えした通りです。

それに、どんな現象も永遠ではありません。気持ちは変わるし、別れが来なかったとしても、死ぬときは別れがくるし。

相手に幸せはないということが明らかになれば、一生懸命好かれようと無理をしたり、頑張ったりせずに、もっとナチュラルでいられるのではないでしょうか。

不安が起きているのは、いつも、想像の中ですからね。

Q

菜穂さんは、不倫についてどう思いますか？

わたしは今、とある男性と不倫をしています。それも、肉体関係を中心としたお付き合いです。

一般的に良くないとされる行為だということは、よくわかっています。

ただ、わたしは今、二人の関係に、純粋に喜びを感じています。正直、罪悪感もほとんどありません……。

A

どう思うか……。良いか悪いかって聞かれたら、それは、それぞれの捉え方じゃないかな、と思います。

実際は、良いも悪いもないからね。

ただ、それが起きていたら、それ以外起きないんです。

今、喜びを感じているなら、それが起きていて、それを否定する必要も、罪悪感を感じる必要も、なぜいるんでしょうか。


人間は、動物なんですね。だから、一般的な概念の決まりに一生懸命合わせようとしても、無理が出てくるものなんです。


本来体は、自然と欲望を解消するメカニズムがありますよね。お腹が空いたら食べて、眠くなったら寝て、トイレにいきたくなったらいく。こうやって、体は自然と欲を満たすようにできているんです。

でも、男女の関係においてだけは、素直に欲望にしたがうと、もっと複雑で、すごく悪いことをしているように見られたりする。

現象界は変化の現実だから、同じルールという枠にみんなを押しこめようとする方が、本当はナチュラルから反しているんですけどね。

気持ちは変わるし、好みも変わるかもしれない。変わらないこともあるかもしれないけど、それはそう決まっているから変わらないのではなくて、ナチュラルにあらわれているんですよね。

ここで言いたいのは、ずっとこうしていなくちゃいけないという決まり自体が、変化の現象の中では、不可能！　っていうことです。

結婚している夫婦だって、一緒にいるカップルだって、そのかたちは常に変化しているはず。

でも、ずっと一緒にいたかったら、結婚しなくても、ずっといられる。逆に一緒にいたくなかったら、結婚していても、別々に過ごすようになることもある。人を約束で縛りつけることはできない、ということですね。

それに、良いか悪いかを知ったところで、あなたはそれによって行動を変えないでしょ？

とにかくね。起きることは、起きていくんです！（笑）

Q

もう30代ですが、誰かと付き合うことに、ものすごく躊躇してしまいます。

付き合ったら、自由がなくなりそうで怖いからです。

この人が運命の人だと思えたら、すんなり付き合えるのかもしれないなぁと思いますが、今までそんなふうに確信したことはありません。

菜穂さんは、なぜ、誰かとお付き合いしようと思えるのでしょうか。

A

お付き合い＝自由がなくなる感じがして怖い、これも以前はよく、考えていたことです。

でもね。実は、付き合っても、自由はなくならないんですよ。

なぜなら、そこには、「いったん付き合ってしまったら、なかなか別れられない」というアイディアが隠れているだけだから。

付き合っても、好きなことはいくらでもできるし、束縛する相手なら、いつでも別れられるんです。

自由でいられる相手だって、いくらでもいるし、そうじゃなきゃ、自然と別れは起きてきます。

お付き合いは、とてもシンプルで、本能的なこと。


今のあなたは、いろいろ考えすぎて、何もできないという状態なんですね。

こうなったらどうしようとか、ああなったらどうしようとか。

でも、いっぱい考えても、起きることは起きるし、起きないことは起きない。

考えても、変わらないんです。

相手が運命の人かどうかというのは、付き合ってみないとわからないこと。

理想通りの王子様を待っていたら、永遠に待つことになるかも（笑）。

それに、この人だ！　と思ったとしても、その思いが一生続くかも、わかりませんよね。

いつも変化の中にいることがわかっていれば、どんなことが起きても、自然のあらわれとして捉えられるかもしれませんね。


もう一つお伝えすることがあるとすれば、人は恋愛や結婚にたいして、あいまいな夢や希望を抱くけれど、それはただ、恋愛や結婚に幸せというイメージを乗せているだけということです。

幸せは起きていることにしかありません。

幸せという「何か」はないんです。

それに、恋愛や結婚で起きていることは、普通のことだからね。ご飯を一緒に食べて楽しいとか、手を繋いで嬉しいとか、一緒にいて落ち着くとか。

恋愛や結婚に、特別なイメージが先行しすぎているというのも、もしかしたらあるかもしれませんね。

シリルのシークレット

Cyril's secret

菜穂の恋人・シリルから、彼女についてのショートリポートをお届けします。

菜穂を見れば、
とても自然に、軽やかに生きている、
可愛い女性が映る。

それゆえに、ときどき、
彼女を批判する人たちもいる。

人間の性質上、普通のことかもしれない。
ただ、彼女は僕の好きな人だから、僕はそれを認めない。

僕は、彼女に言い返すようにすすめる。
しかし、彼女は「そんなこと必要ない」と言う。

彼女は、彼女を批判する人たちを、絶対に悪く言わない。
そこが、彼女は他の人たちと違うところだと思う。

彼女はたくさんの自信を持ち合わせているから、
相手を責める必要がないのだと思う。
それに彼女は、批判をなんとも思ってないようにも見える。

おわりに

今、末期のがんの父が住む自宅で、この本を執筆しています。
毎日みんな（母とシリルとわたし、看護婦さん、ヘルパーさん）で協力し、父のお世話をし、一緒に過ごしています。

昔は、病気や死というものは、恐ろしい、世界で一番悲しい出来事だと感じていました。
だから、、そのころに同じ状況にあったらきっと、暗く落ちこみ、悲しさに浸る日々を送っていたかもしれません。

しかし、あるときから、人の死も「一つの永遠」の変化だということが明らかになりました。

つまり、真の意味で何も失われるものはないのです。


父が苦しみを見せるときは、みんなで励ましサポートします。

父が、痛みをすごく感じているとき、「痛みの中には痛みはないよ」と伝えたら、「言っている意味がわかる気がする」と言っていました。

そして、家の中は不思議と、笑いが絶えません。


どんなに悲しみが湧いても、さまざまな思いが湧いても、その思い自体には、重みや苦しみはありません。

起きていることは、いつも明らかでシンプルです。

どんなに悲しいストーリーが湧いているときも、それに負けない光が、常に輝き続けています。

すべてが永遠の愛の表現だということは変わらないのです。

最愛のパパへ愛をこめて

大和田菜穂

大和田菜穂（おおわだ・なほ）

1975年、東京都杉並区生まれ。パリ在住。

少女のころからとても繊細で、生きることへの不安や恐怖が、常につきまとっていた。ある日、ノンデュアリティ（非二元の現実）の教えに出合い、自分の欠乏感や不安感の原因を探し始める。何年もの探求のあと、2014年、苦しみが終わりを迎える。現在は日本とヨーロッパを中心に、喜びとともにノンデュアリティの世界を伝えている。著書に『すでに愛の中にある』（ナチュラルスピリット）、『苦しみはナチュラルじゃない』（マキノ出版）などがある。

愛からのメッセージ

2017年 2月25日 第1版第1刷発行

著　者　　大和田菜穂
発行者　　玉越直人
発行所　　WAVE出版
〒102-0074 東京都千代田区九段南4-7-15
TEL 03-3261-3713　FAX 03-3261-3823
振替 00100-7-366376
E-mail: info@wave-publishers.co.jp
http://www.wave-publishers.co.jp

印刷・製本 中央精版印刷株式会社

NDC147　174p　19cm　ISBN978-4-86621-045-2